\ささっと作れる/

ごちそう雑炊

市瀬⟨...⟩

雑炊は、
いいことがあった日はもちろん
疲れた日も、落ち込んだ日も、
やさしく寄り添ってくれます。

少ない食材で誰でも美味しく作れて
準備も調理もラクな
時短ごはんでもあるんです。

余りごはんでも、冷凍ごはんでも、
パックごはんでも作れます。

雑炊は、どんなときにもちょうどよく、
こころとからだをホッと満たしてくれる──

この本では、
定番から新感覚のものまで、
雑炊だけで全50品のレシピが登場します。
パスタやうどんに置きかえるなど、
アレンジはご自由に。
味や香りを想像しながら、
ゆっくりページをめくってみてください。

朝でも、昼でも、夜でも、
子どもでも、大人でも、
腹ぺこでも、ダイエット中でも、

ぴったりなレシピが
きっと見つかります。

時短ごはんだけど手抜き感はなく、
健康的におなかが満たされ、
罪悪感もありません。

美味しさしみわたるあの感じ、
まさに至福の時間です。

Contents

雑炊って、なんかいいかも。
そんなふうに思えてきたら、
今日のごはんは雑炊で決まりです。

1章
しっかり食べたい日の雑炊 — 14

鶏と青菜のうま塩雑炊 — 16

たらと白菜のポン酢でさっぱり雑炊 — 18

ぶりのごまじょうゆ和えだしかけ雑炊 — 20

さつまいも、ごぼう、ベーコンのごまみそ雑炊 — 22

鶏ときのこのまろやかみそ豆乳雑炊 — 24

さば缶ときゅうりのひんやり豆乳かけ雑炊 — 26

豚だんごと白菜のオイスター中華雑炊 — 28

豚バラときのこのサンラースープかけ雑炊 — 30

トマトと豆もやしの坦々スープかけ雑炊 — 32

牛肉、豆苗、わかめの韓国風雑炊 — 34

豚バラとじゃがいものコチュジャンやみつき雑炊 — 36

あさりと豆腐の納豆スンドゥブ風雑炊 — 38

えびとレタス、卵のエスニック雑炊 — 40

牛肉ともやしのナンプラースープかけ雑炊 — 42

雑炊のタイプは3つ — 10

この本の使い方
　・ごはんは？ — 11
　・だしは？ — 12
　・置きかえは？ — 13

2章
からだをいたわりたい日の雑炊 —— 44

卵とめかぶのさっぱり梅雑炊 —— 46

しょうが香るほたてとかぶの雑炊 —— 48

春菊としらすの塩雑炊 —— 50

たたき長いもとなめこのそぼろ雑炊 —— 52

ほうじ茶で煮る、ひじきとささみの雑炊 —— 54

鯛と香味野菜のあっさり和雑炊 —— 56

ツナと豆腐の冷やしみそスープかけ雑炊 —— 58

セロリと桜えびのエスニック雑炊 —— 60

手羽と長ねぎのぽかぽかサムゲタン風雑炊 —— 62

鶏と大根のゆずこしょう雑炊 —— 64

3章
夜食や〆にささっと作る雑炊 —— 66

鮭フレークと卵のみそ雑炊 —— 68

焼きのりとしらすの冷た〜いだしかけ雑炊 —— 70

ちくわと塩昆布の雑炊 —— 72

ザーサイと貝割れ菜の中華豆乳雑炊 —— 74

なめたけと梅のひんやりほうじ茶雑炊 —— 76

ナンプラー香るかにかま雑炊 —— 78

高菜漬けのオイスターしょうが雑炊 —— 80

ツナとレモンのミルク雑炊 —— 82

明太バター雑炊 —— 84

キムチとチーズのごきげん雑炊 —— 86

4章
洋風、リゾット気分の雑炊 ── 88

くずしブロッコリーのガーリックスープ雑炊 ── 90

たことセロリのスープリゾット ── 92

鮭とじゃがいもの洋風雑炊 ── 94

キャベツとズッキーニのアンチョビ雑炊 ── 96

ごちそうミネストローネ雑炊 ── 98

ひき肉となすの野菜スープかけ雑炊 ── 100

えびとトマトのアンチョビチーズリゾット ── 102

ベーコンカルボナーラ風ふわとろリゾット ── 104

あさりとじゃがいものチャウダーかけ雑炊 ── 106

ほんのり甘いかぼちゃとコーンのリゾット ── 108

ソーセージとにんじんのコーンクリームリゾット ── 110

牛肉とかぼちゃのスープカレー雑炊 ── 112

鶏とパプリカのココナッツミルクカレー雑炊 ── 114

番外編
ほんのり甘いスイーツ雑炊 ── 116

あずき甘酒雑炊 ── 118

りんごとレーズンのスイーツ雑炊 ── 120

さつまいものココナッツミルク雑炊 ── 122

食材別 Index ── 124

雑炊のタイプは3つ

雑炊、おじや、おかゆと聞いて
多くの人がイメージするような
スープとごはんを一緒に煮込む、煮る雑炊。

お茶漬けのようなスタイルで、
ときには具だくさんのスープをかける、
その名も汁かけ雑炊。

ごはんをスープや牛乳などで
シンプルに煮る、
リゾットのような洋風雑炊。

この本の使い方

ごはんは？

茶碗に少なめの1杯分＝100〜120gの量が基本です。冷凍ごはん、パックごはんもOKです。

「煮る雑炊」のときは、「あたたかいごはんをざるに入れ、水でさっと洗い、水けを切って使う」工程が入ります。洗うことでごはんの表面のぬめりがとれ、さらっとした仕上がりになります。「かけ雑炊」「リゾット風」のときは、ごはんは洗いません。

この本の使い方

だし は ？

・基本的にだしの素やスープの素は使用せず、肉や魚介、野菜などのもつうま味を利用します。
・レシピの「だし汁」はお好みのもので OK。本書で使っている「和風だし」の作り方は以下を参考にしてください。

材料／出来上がり　約5カップ（1000ml）分

水 ……… 6カップ（1200ml）
昆布 ……… 10×5cmを目安に1〜2枚（約5〜10g）
かつおぶし ……… 20g

保存期間
冷蔵/約3日間
冷凍/約3週間

作り方

1. 昆布は固くしぼった厚手のペーパータオル（またはふきん）で表面をさっと拭く。鍋に水、昆布を入れ、30分ほどおいておく。
2. 鍋を弱火にかけ、プツプツと小さな泡が出てきたら、昆布を取り出す。
3. 強火にして、煮立つ直前まで温めたら、かつおぶしを鍋に広げ入れるようにして一度に入れる。すぐに弱火にし、菜箸でそっと沈めて1分ほど煮出す。火を止め、かつおぶしが沈むまでおく。
4. ざるにペーパータオルを敷いてこす。

置きかえは？

雑炊はごはんで作るのが基本ですが、うどん、ペンネなどのパスタ、中華麺やフォー、豆腐などに置きかえても OK。
麺類はそれぞれ表記通りにゆで、豆腐は水切りして置きかえてください。

| その他の決まり |

- 材料や作り方で表示している大さじ1は 15ml、小さじ1は 5ml、1カップは 200ml。
- 野菜は特に記述がない場合でも、「洗う」「皮をむく」などの下ごしらえをしてから調理に入ってください。

1章

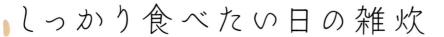
しっかり食べたい日の雑炊

今日は具材たっぷりのごちそうごはんにしたい、
休日こそ、ちゃんとした食事がしたい。
そんな日におすすめなのは
肉や魚と野菜を組み合わせた雑炊。
主菜のようなボリュームがあり、
ひと椀でおなかもこころも満たされます。

素材が生みだすハーモニー

肉や魚をメインに野菜を組み合わせると、たんぱく質と野菜が一度にとれて、栄養バランスもよし。スープの素を使わなくても、肉や魚から出るだしと野菜のうま味のハーモニーで、美味しいひと椀に。

食べごたえのある味付けに

和風雑炊は、だし汁にしょうゆ、みそなど塩味を加えてバリエーション豊かに。中華・韓国風なら、酢やラー油やとうがらしをプラスし、味にパンチを。エスニックは香味野菜で変化を持たせる。この章の雑炊は、毎日食べても飽きない、食べごたえのある雑炊です。

鶏と青菜のうま塩雑炊

和風だしで作る、鶏肉と小松菜の雑炊。ゆずを添えて風味豊かに仕上げます。

材料／1人分
鶏もも肉 ──── 大1/3枚（100g）
小松菜 ──── 1/4束（50g）
あたたかいごはん ──── 茶碗に少なめの1杯分
A ┌ だし汁 ──── 250ml
　├ みりん ──── 大さじ1
　├ 塩 ──── 小さじ1/3
　└ しょうゆ ──── 小さじ1/2
ゆず皮 ──── 適量

作り方
1. 鶏もも肉は小さめの一口大、小松菜は3cm幅に切る。ごはんはざるに入れ、水でさっと洗い、水けを切る。
2. 鍋にAを混ぜて強火にかける。煮立ったら鶏肉、小松菜を入れ、もう一度煮立ったら弱めの中火にして5分ほど煮る。
3. ごはんを加えてさっと煮る。器に盛り付け、ゆず皮をのせる。

たらのだしと白菜の甘さであっさりとした仕上がりに。ポン酢が決め手の冬雑炊。

たらと白菜の
ポン酢でさっぱり雑炊

材料／1人分

甘塩たら切り身 ──── 小1切れ（80g）
白菜 ──── 1枚（50g）
あたたかいごはん ──── 茶碗に少なめの1杯分
A ┌ だし汁 ──── 250ml
　├ みりん ──── 大さじ1
　└ 塩 ──── 小さじ1/4
ポン酢しょうゆ ──── 適量

作り方

1. たらは骨があれば抜いて一口大に切る。白菜は葉は一口大、軸は小さめの一口大に切る。ごはんはざるに入れ、水でさっと洗い、水けを切る。

2. 鍋にAを混ぜて強火にかける。煮立ったら白菜を入れ、もう一度煮立ったら弱めの中火にして3分ほど煮る。

3. ごはんを加えてさっと煮る。器に盛り付け、ポン酢しょうゆをかける。

ぶりのごまじょうゆ和え だしかけ雑炊

材料／1人分
ぶり刺身 ──── 5切れ（50g）
長ねぎ（緑の部分）──── 5cm
あたたかいごはん ──── 茶碗に少なめの1杯分
A ┌ しょうゆ ──── 大さじ1
　├ 砂糖 ──── 小さじ1/2
　└ 白すりごま ──── 大さじ1
しょうが（すりおろす）──── 適量
冷たいだし汁 ──── 200ml

作り方
1. ボウルにAを混ぜ、ぶりを加えてからめ、5分ほどおく（**a**）。長ねぎは内側をよく洗って薄い小口切りにし、冷水にさらして水けを切る。
2. 器にごはんを盛り付け、ぶり、長ねぎ、しょうがをのせる。冷たいだし汁をかける。

a

冷たいだしを刺身にかけ、長ねぎ、しょうが、薬味をたっぷり。旬の時季には、あじやいわしでも。

さつまいも、ごぼう、ベーコンのごまみそ雑炊

材料／1人分
- ベーコン ……… 1枚
- さつまいも ……… 100g
- ごぼう ……… 50g
- あたたかいごはん ……… 茶碗に少なめの1杯分
- だし汁 ……… 300ml
- みそ ……… 大さじ1と1/2
- 黒すりごま ……… 適量

作り方
1. ベーコンは5mm幅の細切りにする。さつまいもは1cm幅のいちょう切り、ごぼうは皮をこそげてささがきにして、それぞれさっと水にさらして水けを切る。ごはんはざるに入れ、水でさっと洗い、水けを切る。
2. 鍋にだし汁を入れて強火にかける。煮立ったらベーコン、さつまいも、ごぼうを入れ、もう一度煮立ったら弱めの中火にして10分ほど煮る。
3. みそを溶き(a)、ごはんを加えてさっと煮る。器に盛り付け、黒すりごまをふる。

a

さつまいもの甘み、ごぼうの歯ごたえ、塩味をプラスするベーコンのうま味。具だくさんがうれしく、大満足のひと椀。

鶏ときのこのまろやかみそ豆乳雑炊

材料／1人分

鶏もも肉 ──── 大1/3枚（100g）
しめじ ──── 1/2パック（50g）
エリンギ ──── 1本（50g）
あたたかいごはん ──── 茶碗に少なめの1杯分
だし汁 ──── 150ml
みそ ──── 大さじ1と1/2
豆乳（成分無調整）──── 100ml

作り方

1 鶏もも肉は小さめの一口大に、しめじは石突を除いて小房に分ける。エリンギは石突を除いて長さ半分に切り、手で縦に食べやすくさく。ごはんはざるに入れ、水でさっと洗い、水けを切る。

2 鍋にだし汁を入れて強火にかける。煮立ったら鶏肉、しめじ、エリンギを入れ、もう一度煮立ったら弱めの中火にして5分ほど煮る。

3 みそを溶き、ごはん、豆乳を加え、煮立たせないようにあたためる（a）。

a

豆乳がみそのコクを引き出し、ずっと食べていたくなる、やさしい味わいに。きのこの食感も楽しんで。

さば缶ときゅうりのひんやり豆乳かけ雑炊

火を使わずにできるさば缶の冷やし雑炊。夏バテ予防にも効果的。

材料／1人分
- さば水煮缶 ——— 1/2缶（100g）
- きゅうり ——— 1/3本
- 青じそ ——— 4枚
- あたたかいごはん ——— 茶碗に少なめの1杯分
- 塩 ——— ひとつまみ
- A
  - 冷たい豆乳（成分無調整）200ml
  - しょうゆ ——— 小さじ1
  - 塩 ——— 小さじ1/2

作り方
1. さば水煮缶は缶汁を切って粗くほぐす。きゅうりは薄い小口切りにして塩をふり、5分ほどおいて水けを絞る（a）。青じそはせん切りにする。
2. 器にごはんを盛り付け、きゅうり、青じそ、さば水煮をのせる。Aを混ぜてかける。

a

豚だんごと白菜のオイスター中華雑炊

材料／1人分

豚ひき肉 ── 100g
白菜 ── 1枚 (50g)
しいたけ ── 1枚
あたたかいごはん ── 茶碗に少なめの1杯分
A ┌ 水 ── 250ml
　 │ 酒 ── 大さじ1
　 │ オイスターソース ── 大さじ1
　 │ 塩 ── 小さじ1/4
　 └ ごま油 ── 少々

作り方

1. 豚ひき肉は練り混ぜる。白菜の葉は一口大、軸は小さめの一口大に切る。しいたけは石突を除いて薄切りにする。ごはんはざるに入れ、水でさっと洗い、水けを切る。
2. 鍋にAを混ぜて強火にかける。煮立ったら、豚肉を小さめの一口大ずつつまみながら入れる（a）。肉の色が変わったら白菜、しいたけを入れ、もう一度煮立ったら弱めの中火にして5分ほど煮る。
3. ごはんを加えてさっと煮る。

a

ひき肉だんごで食べごたえ充分。オイスターソースで甘辛にしてコクもしっかりアップ。

豚バラときのこの
サンラースープかけ雑炊

材料／1人分

豚バラ薄切り肉 ──── 100g
しめじ ──── 1/2パック（50g）
えのき ──── 1/4パック（25g）
あたたかいごはん ──── 茶碗に少なめの1杯分
A ┌ 水 ──── 200ml
　 │ 酒 ──── 大さじ1
　 │ 酢 ──── 大さじ1
　 │ しょうゆ ──── 大さじ1
　 │ 砂糖 ──── 小さじ1/2
　 └ 塩、ラー油、ごま油 ──── 各少々
水溶き片栗粉 ──── 片栗粉小さじ2、水小さじ2

（豆腐に置きかえもおすすめ）

酸っぱ辛さで食欲増進。
ガツンと美味しい中華風で
エネルギーチャージ。

作り方
1. 豚バラ薄切り肉は2cm幅に切る。しめじは石突を除いて小房に分け、えのきは石突を除いて食べやすく分ける。
2. 鍋にAを混ぜて強火にかける。煮立ったら豚肉、しめじ、えのきを入れ、もう一度煮立ったら弱めの中火にして3分ほど煮る。水溶き片栗粉を加えて中火にし、混ぜながらとろみをつける。
3. 器にごはんを盛り付け、2.をかける。

トマトと豆もやしの坦々スープかけ雑炊

にんにく、豆板醤の効いたパンチのある坦々雑炊。具材たっぷりで食べごたえも抜群です。

材料／1人分

- 豚ひき肉 ……… 100g
- トマト ……… 小1個（100g）
- 豆もやし ……… 1/4袋（50g）
- にんにく（みじん切り）……… 1/2片分
- あたたかいごはん ……… 茶碗に少なめの1杯分
- ごま油 ……… 小さじ1
- 豆板醤 ……… 小さじ1/2
- A
  - 水 ……… 100ml
  - 酒 ……… 大さじ1
  - みそ ……… 大さじ1
  - しょうゆ ……… 大さじ1/2
  - 白すりごま ……… 小さじ1
- 豆乳（成分無調整）……… 100ml
- ラー油 ……… 少々

豆腐に置きかえもおすすめ

作り方

1. トマトは8等分のくし形切りにする。
2. 鍋にごま油、豆板醤、にんにくを入れて中火で熱し、香りがたったら豚ひき肉を加えて炒める。肉の色が変わったらAを加えて混ぜる。煮立ったらトマト、豆もやしを加え、もう一度煮立ったら弱めの中火にして3分ほど煮る。
3. 豆乳を加え、煮立たせないようにあたためる。
4. 器にごはんを盛り付け、3をかける。ラー油をかける。

牛肉、豆苗、わかめの韓国風雑炊

材料／1人分
牛こま切れ肉 ……… 100g
豆苗 ……… 1/4パック（正味25g）
カットわかめ（乾燥）……… ふたつまみ（1g）
あたたかいごはん ……… 茶碗に少なめの1杯分
A ┌ 水 ……… 250ml
　├ 酒 ……… 大さじ1
　├ しょうゆ ……… 小さじ1
　├ 塩 ……… 小さじ1/2
　├ こしょう ……… 少々
　└ にんにく（すりおろす）……… 少々
白いりごま、粉とうがらし ……… 各適量

作り方
1. 豆苗は根元を切り落とし、2〜3cm幅に切る。ごはんはざるに入れ、水でさっと洗い、水けを切る。
2. 鍋にAを混ぜて強火にかける。煮立ったら牛肉、豆苗、カットわかめを入れ、もう一度煮立ったら弱めの中火にして3分ほど煮る。
3. ごはんを加えてさっと煮る。器に盛り付け、白いりごま、粉とうがらしをふる。

韓国のわかめスープを贅沢に牛肉入りで雑炊にアレンジ。仕上げの粉とうがらしを忘れずに。

豚バラとじゃがいもの
コチュジャンやみつき雑炊

コチュジャンスープで甘辛に。
はらぺこでも大満足の食べごたえ。

材料／1人分
豚バラ薄切り肉 ……… 100g
じゃがいも ……… 小1個（120g）
ニラ ……… 1/6束（15g）
あたたかいごはん ……… 茶碗に少なめの1杯分
A ┌ 水 ……… 300ml
　├ 酒 ……… 大さじ1
　├ みそ ……… 大さじ1
　├ コチュジャン ……… 小さじ2
　└ にんにく（すりおろす）……… 少々

中華麺に
置きかえも
おすすめ

作り方
1. 豚バラ薄切り肉は2cm幅に、じゃがいもは1cm幅のいちょう切りにしてさっと水にさらして水けを切る。ニラは根元を切り落とし、3cm幅に切る。ごはんはざるに入れ、水でさっと洗い、水けを切る。
2. 鍋にAを混ぜて強火にかける。煮立ったら豚肉、じゃがいもを入れ、もう一度煮立ったら弱めの中火にして8分ほど煮る。
3. ニラを加えてさっと煮て、ごはんを加え、さっと煮る。

あさりと豆腐の納豆スンドゥブ風雑炊

材料／1人分
- あさり（砂抜き済みのもの） — 100g
- 絹ごし豆腐 — 小1/2丁（100g）
- 納豆 — 1パック（40g）
- 卵 — 1個
- あたたかいごはん — 茶碗に少なめの1杯分
- A
  - 水 — 250ml
  - 酒 — 大さじ1
  - しょうゆ — 大さじ1と1/2
  - コチュジャン — 小さじ1
  - 粉とうがらし — 小さじ1/2
  - ごま油 — 少々
  - にんにく（すりおろす） — 少々

作り方
1. あさりは殻と殻をこすり合わせて洗う。ごはんはざるに入れ、水でさっと洗い、水けを切る。
2. 鍋にAを混ぜて強火にかける。煮立ったら豆腐を一口大にちぎりながら加え、納豆、あさりも加える。もう一度煮立ったら弱めの中火にしてあさりの殻が開くまで3分ほど煮る。
3. ごはんを加えてさっと煮る。中火にして卵を割り入れ、蓋をして半熟状になるまで1～2分煮る。

あさりと豆腐のスンドゥブに納豆を加えてうま味倍増。とろ～り卵を絡めていただきます。

えびとレタス、卵のエスニック雑炊

材料／1人分

むきえび ……… 100g
レタス ……… 大1枚（50g）
卵 ……… 1個
あたたかいごはん ……… 茶碗に少なめの1杯分

A ┌ 水 ……… 250ml
　├ 酒 ……… 大さじ1
　├ ナンプラー ……… 大さじ1
　└ 塩、こしょう ……… 各少々

（フォーに置きかえもおすすめ）

作り方

1. むきえびは背ワタがあればとって洗う。レタスは一口大にちぎる。卵は溶きほぐす。ごはんはざるに入れ、水でさっと洗い、水けを切る。
2. 鍋にAを混ぜて強火にかける。煮立ったらえび、レタスを入れ、もう一度煮立ったら弱めの中火にして2分ほど煮る。
3. ごはんを加えてさっと煮る。中火にし、溶き卵を回し入れ、ふわっと浮いたらひと混ぜする（a）。

a

気分もあがる、色鮮やかな雑炊。あっさりヘルシーだけど、ナンプラーが効いた奥深さがクセになる。

牛肉ともやしの
ナンプラースープかけ雑炊

材料／1人分

牛こま切れ肉 ……… 100g
もやし ……… 1/4袋（50g）
あたたかいごはん ……… 茶碗に少なめの1杯分
A ┌ 水 ……… 200ml
　├ 酒 ……… 大さじ1
　├ ナンプラー ……… 小さじ2
　└ 塩、こしょう ……… 各少々
パクチー（ざく切り）、ライム（くし形切り） ……… 各適量

トッピングのパクチーと
ライムの香りでさわやかに。
スープ仕立てのごちそう雑炊。

作り方
1. 鍋にAを混ぜて強火にかける。煮立ったら牛肉、もやしを入れ、もう一度煮立ったら弱めの中火にして2分ほど煮る。
2. 器にごはんを盛り付け、1をかける。パクチーを添え、ライムを絞って食べる。

2章

からだをいたわりたい日の雑炊

なんとなくからだが弱っている、
忙しい日々が続いてちょっとこころもお疲れ気味。
そんなときに寄り添ってくれる、
ホッとするような雑炊。
いたわりごはんだけれど、しっかりと満足感があり、
元気が戻ってくる、そんな雑炊をご用意しました。

あっさりとうま味のある食材で

鶏肉、刺身、しらす、桜えび、ほたてなど、
あっさりと美味しいだしが出る食材を使います。
そこに、しょうがや三つ葉、
セロリや青じそなどの香味野菜、
梅やゆずこしょうなどで、
味にアクセント付け。
食欲のないときでも自然と食が進みます。

やさしい味わいを大切に

基本は和のだし汁や鶏肉から出る
あっさりとしただし。
やさしい味で滋養もあります。
ちょうどいい塩分加減で、
こころとからだをいたわるレシピです。

卵とめかぶのさっぱり梅雑炊

材料／1人分
味付けめかぶ ------- 1パック（40g）
卵 ------- 1個
梅干し ------- 1個（正味10g）
あたたかいごはん ------- 茶碗に少なめの1杯分

A ┌ だし汁 ------- 250ml
　├ みりん ------- 大さじ1
　├ しょうゆ ------- 小さじ1
　└ 塩 ------- 小さじ1/4

作り方
1. 卵は溶きほぐす。梅干しは種を除いて粗くたたく。ごはんはざるに入れ、水でさっと洗い、水けを切る。
2. 鍋にAを混ぜて強火にかける。煮立ったら味付けめかぶを入れ、もう一度煮立ったらごはんを加えてさっと煮る。もう一度煮立ったら溶き卵を回し入れ、ふわっと浮いたら火をとめ、ひと混ぜする。
3. 器に盛り付け、梅干しをのせる。

免疫力アップのめかぶで栄養満点。酸味ある梅肉と、みりんが効いたふわふわ卵にホッとします。

しょうが香るほたてとかぶの雑炊

ほたて缶を汁ごと使って、だしいらず。しょうがはもちろん、あとからふわっと香るごま油もポイントです。

材料／1人分
- ほたて水煮缶 …… 小1缶(65g)
- かぶ …… 1個(100g)
- かぶの葉 …… 30g
- しょうが(せん切り) …… 1/2片分
- あたたかいごはん …… 茶碗に少なめの1杯分
- A
  - 水 …… 250ml
  - みりん …… 大さじ1
  - しょうゆ …… 小さじ1/2
  - 塩 …… 小さじ1/3
- ごま油 …… 少々

作り方

1. かぶは皮をむいて1cm角に、かぶの葉は2cm幅に切る。ごはんはざるに入れ、水でさっと洗い、水けを切る。
2. 鍋にAを混ぜて強火にかける。煮立ったらかぶ、かぶの葉、しょうが、ほたて缶を缶汁ごと入れ(a)、もう一度煮立ったら弱めの中火にして5分ほど煮る。
3. ごはんを加えてさっと煮る。器に盛り付け、ごま油をかける。

a

春菊としらすの塩雑炊

材料／1人分

しらす干し ── 15g
春菊 ── 1/3束（50g）
あたたかいごはん ── 茶碗に少なめの1杯分

A ┌ 水 ── 250ml
　├ みりん ── 大さじ1
　├ 塩 ── 小さじ1/3
　├ こしょう ── 少々
　└ ごま油 ── 少々

作り方

1 春菊は葉を摘み、ざく切りに、軸は薄い小口切りにする（a）。ごはんはざるに入れ、水でさっと洗い、水けを切る。

2 鍋にAを混ぜて強火にかける。煮立ったら春菊の軸を入れ、もう一度煮立ったら弱めの中火にして2分ほど煮る。

3 しらす、春菊の葉、ごはんを加えてさっと煮る。

a

食材も味付けも、とことんシンプルに。春菊の香りとほろ苦さを味わい尽くして。

たたき長いもと なめこのそぼろ雑炊

材料／1人分
- 鶏ひき肉 ……… 100g
- 長いも ……… 100g
- なめこ ……… 1/2袋（50g）
- あたたかいごはん ……… 茶碗に少なめの1杯分
- A
  - だし汁 ……… 250ml
  - みりん ……… 大さじ1
  - しょうゆ ……… 小さじ2
  - 塩 ……… 小さじ1/3

うどんに置きかえもおすすめ

作り方
1. 長いもは皮をむいてポリ袋に入れ、麺棒でたたいて細かく割る（a）。なめこはざるに入れ、水でさっと洗い、水けを切る。ごはんはざるに入れ、水でさっと洗い、水けを切る。
2. 鍋にAを混ぜて強火にかける。煮立ったら鶏ひき肉、長いも、なめこを入れ、もう一度煮立ったら弱めの中火にして5分ほど煮る。
3. ごはんを加えてさっと煮る。

a

長いもとなめこのとろみで、うま味を凝縮。喉や胃腸の調子が気になるときにも食べやすい。

ほうじ茶で煮る、ひじきとささみの雑炊

材料／1人分
鶏ささみ ── 2本（100g）
芽ひじき ── 2g
あたたかいごはん ── 茶碗に少なめの1杯分
A ┌ ほうじ茶 ── 250ml
　├ みりん ── 大さじ1
　├ しょうゆ ── 小さじ1/2
　└ 塩 ── 小さじ1/2
万能ねぎ（小口切り）── 適量

作り方
1. 鶏ささみは筋を除いてひと口大のそぎ切りにする。芽ひじきはたっぷりの水に15分ほど浸して戻し、水けを切る。ごはんはざるに入れ、水でさっと洗い、水けを切る。
2. 鍋にAを混ぜて強火にかける。煮立ったら鶏ささみ、芽ひじきを入れ、もう一度煮立ったら弱めの中火にして3分ほど煮る。
3. ごはんを加えてさっと煮る。器に盛り付け、万能ねぎをのせる。

ほうじ茶で、こっくりした美味しさに。鶏肉との相性もよく、ワンランク上の仕上がりになります。

鯛と香味野菜の
あっさり和雑炊

鯛とみょうが、そこに三つ葉をたっぷりと。上品な味わいがこころにしみます。

材料／1人分
鯛刺身 ……… 5切れ（50g）
みょうが ……… 1個
三つ葉 ……… 3本
あたたかいごはん ……… 茶碗に少なめの1杯分
A ┌ だし汁 ……… 250ml
　├ みりん ……… 大さじ1
　├ しょうゆ ……… 小さじ1/2
　└ 塩 ……… 小さじ1/2

作り方
1 みょうがは薄い小口切り、三つ葉は葉を摘み、軸は2cm幅に切る。ごはんはざるに入れ、水でさっと洗い、水けを切る。
2 鍋にAを混ぜて強火にかける。煮立ったら鯛刺身、ごはんを加えてさっと煮る。
3 器に盛り付け、みょうが、三つ葉をのせる。

ツナと豆腐の
冷やしみそスープかけ雑炊

材料／1人分

ツナ缶 ──── 小1缶(70g)
絹ごし豆腐 ──── 小1/2丁(100g)
あたたかいごはん ──── 茶碗に少なめの1杯分
A ┌ 冷たいだし汁 ──── 200ml
　└ みそ ──── 大さじ1
青じそ(手でちぎる) ──── 適量

作り方

1. ツナ缶は缶汁を切る。
2. 器にごはんを盛り付け、豆腐を手で一口大にちぎってのせる。ツナをのせてAを混ぜてかけ、青じそを添える。

常備食材で作る、
後味さわやかな即席冷やし雑炊。
高たんぱくでヘルシーです。

セロリと桜えびのエスニック雑炊

材料／1人分

桜えび ──── 大さじ2（6g）
セロリ ──── 1/2本（50g）
セロリの葉 ──── 1本分
あたたかいごはん ──── 茶碗に少なめの1杯分

A ┌ 水 ──── 250ml
　│ 酒 ──── 大さじ1
　│ ナンプラー ──── 大さじ1
　└ 塩、こしょう ──── 各少々

フォーに置きかえもおすすめ

作り方

1. セロリは筋をとって斜め薄切りに、セロリの葉は2cmほどに刻む。ごはんはざるに入れ、水でさっと洗い、水けを切る。
2. 鍋にAを混ぜて強火にかける。煮立ったらセロリ、桜えびを加え、もう一度煮立ったら弱めの中火にして3分ほど煮る。
3. ごはん、セロリの葉を加えてさっと煮る。

セロリの香りには鎮静効果、桜えびにはイライラに効くカルシウムも。こころの疲れをやさしく癒やしてくれます。

手羽と長ねぎの
ぽかぽかサムゲタン風雑炊

からだが温まる薬膳レシピ。ほろほろの鶏手羽と、とろとろのねぎ、スープがしみたごはんをじっくり味わって。

材料／1人分

鶏スペアリブ ──── 5本（120g）
長ねぎ ──── 1/2本（40g）
しょうが（せん切り）──── 1/2片分
にんにく（薄切り）──── 1片分
あたたかいごはん ──── 茶碗に少なめの1杯分
A ┌ 水 ──── 300ml
　├ 酒 ──── 大さじ1
　└ 塩 ──── 小さじ1/2
粗びき黒こしょう ──── 適量

作り方

1 長ねぎは1cm幅の斜め切りにする。ごはんはざるに入れ、水でさっと洗い、水けを切る。

2 鍋にAを混ぜて強火にかける。煮立ったら鶏スペアリブ、長ねぎ、しょうが、にんにくを加え、もう一度煮立ったら弱めの中火にして8分ほど煮る。

3 ごはんを加えてさっと煮る。器に盛り付け、粗びき黒こしょうをふる。

鶏と大根の
ゆずこしょう雑炊

材料／1人分

鶏もも肉 ……… 大1/3枚（100g）
大根 ……… 150g
しょうが（せん切り） ……… 1/2片分
あたたかいごはん ……… 茶碗に少なめの1杯分
A ┌ だし汁 ……… 300ml
  │ みりん ……… 大さじ1
  │ しょうゆ ……… 小さじ1/2
  └ 塩 ……… 小さじ1/2
ゆずこしょう ……… 適量

作り方

1. 鶏もも肉は小さめの一口大に、大根は1cm幅のいちょう切りにする。
2. 鍋にAを混ぜて強火にかける。煮立ったら鶏もも肉、大根、しょうがを加え、もう一度煮立ったら弱めの中火にして10分ほど煮る。
3. 器にごはんを盛り付け、2をかける。ゆずこしょうを添える。

塩味のあっさりスープに、しょうがとゆずこしょうがアクセント。食材はごろっと大きめに。

3章

夜食や〆にささっと作る雑炊

遅く帰った日の夜食は、時間をかけたくないもの。
でも、美味しい食事をして明日に備えたい。
この章では、手間をかけずに、
ラクに作れる雑炊を紹介しています。
お酒を飲んだ後の〆にもおすすめです。

ごはんの供、うま味の素を活用

鮭フレーク、塩昆布、キムチ、高菜漬けなどのごはんの供。また、のり、チーズなどのうま味食材は、常備している方も多いことでしょう。これらの味付け食材を使えばたった数分で完成します。

味付けはととのえるだけ

味付き食材を使えば塩、しょうゆなどの調味料は少量で味が決まります。じわじわととけだした食材の味がごはんにしみてシンプルながら、味わいのある雑炊ばかりです。

鮭フレークと卵のみそ雑炊

シンプルな鮭と卵の雑炊に、
みそのコクでグレードアップ。

a

材料／1人分
鮭フレーク（a） ……… 大さじ3
卵 ……… 1個
あたたかいごはん ……… 茶碗に少なめの1杯分
A［ だし汁 ……… 200ml
　　みそ ……… 大さじ1
万能ねぎ（小口切り） ……… 適量

作り方
1　卵は溶きほぐす。ごはんはざるに入れ、水でさっと洗い、水けを切る。
2　鍋にAを混ぜて強火にかける。煮立ったらごはん、鮭フレークを加えてさっと煮る。もう一度煮立ったら溶き卵を回し入れ、ふわっと浮いたら火をとめ、ひと混ぜする。
3　器に盛り付け、万能ねぎをのせる。

（豆腐に置きかえもおすすめ）

焼きのりとしらすの冷た〜いだしかけ雑炊

材料／1人分
しらす干し ……… 15g
焼きのり ……… 全形1/2枚
あたたかいごはん ……… 茶碗に少なめの1杯分
A ┌ 冷たいだし汁 ……… 200ml
  │ しょうゆ ……… 小さじ1
  └ 塩 ……… 小さじ1/4
練りわさび ……… 適量

作り方
1 器にごはんを盛り付け、焼きのりを手で小さめの一口大にちぎってのせる(**a**)。
2 しらすをのせる。Aを混ぜてかけ、わさびを添える。

a

のり茶漬けのような、馴染みのある定番の味。冷たいだしをかけてスルスルどうぞ。

ちくわと塩昆布の雑炊

材料／1人分
ちくわ ……… 1本
塩昆布 ……… 5g
あたたかいごはん ……… 茶碗に少なめの1杯分
A ┌ だし汁 ……… 200ml
　├ みりん ……… 大さじ1
　└ 塩 ……… 小さじ1/4

作り方
1. ちくわは小口切りにする。ごはんはざるに入れ、水でさっと洗い、水けを切る。
2. 鍋にAを混ぜて強火にかける。煮立ったらごはん、ちくわ、塩昆布を加えてさっと煮る。

シンプルな味付けだからこそ食材のうま味がしみるひと椀。お財布にもやさしいレシピです。

ザーサイと貝割れ菜の中華豆乳雑炊

a

材料／1人分
味付ザーサイ ──── 大さじ2（20g）
貝割れ菜 ──── 1/4パック
あたたかいごはん ──── 茶碗に少なめの1杯分
A ┌ 水 ──── 100ml
　├ 酒 ──── 大さじ1
　├ しょうゆ ──── 小さじ1/2
　├ 塩 ──── 小さじ1/3
　└ ごま油 ──── 少々
豆乳（成分無調整） ──── 100ml
ラー油 ──── 適量

作り方
1 味付ザーサイは細切りに（a）、貝割れ菜は根元を切り落とす。ごはんはざるに入れ、水でさっと洗い、水けを切る。

2 鍋にAを混ぜて強火にかける。煮立ったらごはん、ザーサイ、貝割れ菜を加えてさっと煮る。豆乳を加え、煮立たせないようにあたためる。器に盛り付け、ラー油をかける。

味付き食材で調理を簡単に。まろやかな豆乳スープにピリッとラー油がアクセント。

さっぱり梅干しに、ほうじ茶の香ばしさが際立ちます。夏バテの疲労回復にもぴったり。

なめたけと梅の
ひんやりほうじ茶雑炊

材料／1人分
味付なめたけ ……… 大さじ2
梅干し ……… 1個（正味10g）
あたたかいごはん ……… 茶碗に少なめの1杯分
A ┌ 冷たいほうじ茶 ……… 200ml
　└ 塩 ……… 小さじ1/4
長ねぎ（緑の部分）……… 適量

作り方
1　梅干しは種を除いて粗くたたく。ごはんはざるに入れ、水でさっと洗い、水けを切る。長ねぎは小口切りにする。
2　ボウルにAを混ぜ、なめたけ、ごはんを加えて混ぜる。器に盛り付け、梅干し、長ねぎをのせる。

ナンプラー香る かにかま雑炊

食欲そそる、なんちゃってかに雑炊。たかがかにかま、されどかにかま、しっかりうま味が出ます。

材料／1人分
かに風味かまぼこ（フレークタイプ）……… 60g
あたたかいごはん ……… 茶碗に少なめの1杯分
A ┌ 水 ……… 200ml
　│ 酒 ……… 大さじ1
　│ ナンプラー ……… 小さじ2
　└ こしょう ……… 少々
白いりごま ……… 適量

作り方
1. かに風味かまぼこはほぐす（a）。ごはんはざるに入れ、水でさっと洗い、水けを切る。
2. 鍋にAを混ぜて強火にかける。煮立ったらごはん、かに風味かまぼこを加えてさっと煮る。器に盛り付け、白いりごまをふる。

a

高菜漬けのオイスターしょうが雑炊

材料／1人分
刻み高菜漬け（a） ……… 大さじ3（30g）
あたたかいごはん ……… 茶碗に少なめの1杯分
A ┌ 水 ……… 200ml
　├ 酒 ……… 大さじ1
　├ オイスターソース ……… 小さじ2
　├ 塩 ……… 少々
　└ ごま油 ……… 少々
しょうが（すりおろす） ……… 適量

作り方
1. ごはんはざるに入れ、水でさっと洗い、水けを切る。
2. 鍋にAを混ぜて強火にかける。煮立ったらごはん、高菜漬けを加えてさっと煮る。器に盛り付け、しょうがをのせる。

a

食材は高菜漬けだけ。オイスターソースやしょうがのおかげで味わい豊かな雑炊に。

ツナとレモンのミルク雑炊

材料／1人分

ツナ缶（**a**） ……… 小1缶（70g）
あたたかいごはん ……… 茶碗に少なめの1杯分
A ┌ 牛乳 ……… 200ml
  └ 塩 ……… 小さじ1/3
レモン汁 ……… 小さじ2
レモン（輪切り） ……… 1枚

作り方

1 ツナは缶汁を切る。ごはんはざるに入れ、水でさっと洗い、水けを切る。
2 鍋にAを混ぜて強火にかける。煮立ってきたらごはん、ツナを加えてさっと煮て、火をとめてレモン汁を混ぜる。器に盛り付け、レモンをのせる。

a

レモンを絞ったツナのミルク雑炊。この組み合わせ、驚くほど相性がいい！

明太バター雑炊

辛子明太子は雑炊のお供にしても
まちがいない。
バターと黒こしょうでさらに美味。

a

材料／1人分
辛子明太子 ……… 1/2腹（30g）
あたたかいごはん ……… 茶碗に少なめの1杯分
A［ だし汁 ……… 200ml
　　塩 ……… ひとつまみ ］
バター ……… 10g
粗びき黒こしょう ……… 少々

作り方
1 辛子明太子は薄皮を除いてほぐす（a）。ごはんはざるに入れ、水でさっと洗い、水けを切る。
2 鍋にAを混ぜて強火にかける。煮立ったらごはん、辛子明太子を加えてさっと煮る。器に盛り付け、バターをのせ、粗びき黒こしょうをふる。

キムチとチーズの
ごきげん雑炊

材料／1人分
白菜キムチ（カットタイプ）……… 50g
ピザ用チーズ ……… 40g
あたたかいごはん ……… 茶碗に少なめの1杯分
A ┌ 水 ……… 200ml
　├ みそ ……… 大さじ1/2
　└ ごま油 ……… 少々

作り方
1 ごはんはざるに入れ、水でさっと洗い、水けを切る。
2 鍋にAを混ぜて強火にかける。煮立ったらごはん、白菜キムチ、ピザ用チーズを加えてさっと煮る。

みそとチーズでうま味を引き出し、まるでキムチ鍋の〆雑炊。辛党はキムチたっぷりがおすすめです。

4章

洋風、リゾット気分の雑炊

たまには洋風のメニューで気分を盛り上げたい。
そんな日におすすめの雑炊とリゾットです。
生米から作る本格リゾットももちろん美味しいけれど、
ごはんを煮て作る、汁気の少ないリゾット雑炊は
時短で簡単。おうちレシピにぴったりです。

オリーブオイルでコクを出す

洋風雑炊の美味しさのポイントは、肉や魚、野菜のもつ食材のうま味と油使い。野菜はにんにくと一緒にオリーブオイルで炒めます。油を使うことでコクが増し、洋風らしい味わいになります。

バリエーション豊かに

塩、こしょうだけでさっぱりと、野菜ジュースやトマトで濃厚に、牛乳でクリーミーに、ときには、カレー味に。洋風雑炊は見た目も味も楽しく、レパートリーも広がります。

くずしブロッコリーの
ガーリックスープ雑炊

見ためも美しいグリーンの雑炊。ローリエとにんにくが効いたほんのり塩味の、やさしいひと皿です。

材料／1人分
ブロッコリー……… 80g
にんにく（みじん切り）……… 1/2片分
あたたかいごはん……… 茶碗に少なめの1杯分
オリーブオイル……… 大さじ1/2
A ┌ 水……… 300ml
　├ ローリエ……… 1枚
　└ 塩……… 小さじ1/2

作り方

1　ブロッコリーは小房に分け、さらに4等分程度に切る。ごはんはざるに入れ、水でさっと洗い、水けを切る。

2　鍋にオリーブオイル、にんにくを入れて中火で熱して炒め、香りがたったらAを加えて混ぜる。煮立ったらブロッコリーを入れ、もう一度煮立ったら弱めの中火にして8分ほど煮る。

3　ブロッコリーを木べらなどでくずし（a）、ごはんを加えてさっと煮る。

a

たことセロリのスープリゾット

材料／1人分
ボイルたこ ……… 60g
セロリ ……… 1/2本(50g)
セロリの葉 ……… 1本分
あたたかいごはん ……… 茶碗に少なめの1杯分
A ┌ 水 ……… 150ml
　├ ローリエ ……… 1枚
　├ 塩 ……… 小さじ1/3
　└ オリーブオイル ……… 少々

作り方
1. ボイルたこはそぎ切り、セロリは筋をとって斜め薄切りに、セロリの葉は2cmほどに刻む。
2. 鍋にAを混ぜて強火にかける。煮立ったらセロリを加え、もう一度煮立ったら弱めの中火にして3分ほど煮る。
3. ごはん、たこ、セロリの葉を加え、ごはんがスープとなじむまで5分ほど煮る。

香りが魅力のセロリがだしがわり。シンプルな味付けで苦味は控えめ。なのに、奥深い味わいに気づけばやみつき。

鮭とじゃがいもの洋風雑炊

スープがしみて鮭はふわふわ、じゃがいもはほくほくに。ディルをのせておしゃれに仕上げます。

材料／1人分
- 甘塩鮭切り身 ……… 小1切れ（80g）
- じゃがいも ……… 小1個（120g）
- セロリ ……… 1/3本（30g）
- あたたかいごはん ……… 茶碗に少なめの1杯分
- オリーブオイル ……… 大さじ1/2
- A
  - 水 ……… 300ml
  - ローリエ ……… 1枚
  - 塩 ……… 小さじ1/2
- ディル（あれば）……… 適量

作り方

1. 鮭は骨を除いて一口大に切る。じゃがいもは1cm厚さのいちょう切りに、さっと水にさらして水けを切る。セロリは筋をとって縦半分に切ってから斜め薄切りにする。ごはんはざるに入れ、水でさっと洗い、水けを切る。

2. 鍋にオリーブオイルを入れて中火で熱し、じゃがいも、セロリを炒める。全体に油が回ったらAを加えて混ぜる。煮立ったら鮭を入れ、もう一度煮立ったら弱めの中火にして8分ほど煮る。

3. ごはんを加えてさっと煮る。器に盛り付け、ディルを添える（a）。

a

キャベツとズッキーニのアンチョビ雑炊

アンチョビのコクが決め手の本格派。
野菜がメインのヘルシー雑炊。

a

材料／1人分
キャベツ ──── 1枚（50g）
ズッキーニ ──── 1/3本（50g）
アンチョビ ──── 2枚
あたたかいごはん ──── 茶碗に少なめの1杯分
オリーブオイル ──── 大さじ1/2
A ┌ 水 ──── 250ml
　├ ローリエ ──── 1枚
　└ 塩 ──── 小さじ1/2

作り方
1. キャベツは一口大、ズッキーニは1cm幅の半月切り、アンチョビはみじん切りにする。ごはんはざるに入れ、水でさっと洗い、水けを切る。
2. 鍋にオリーブオイル、アンチョビを入れて中火で熱し（a）、香りがたったらキャベツ、ズッキーニを入れて炒める。全体に油が回ったらAを加えて混ぜる。煮立ったら弱めの中火にして5分ほど煮る。
3. ごはんを加えてさっと煮る。

ごちそうミネストローネ雑炊

豆の甘みにセロリのほろ苦さ、味わいも食感も楽しいひと皿。

材料／1人分

- ベーコン ……… 1枚
- ミックスビーンズ ……… 80g
- セロリ ……… 1/2本（50g）
- 玉ねぎ ……… 1/8個（25g）
- にんにく（みじん切り）……… 1/2片分
- あたたかいごはん ……… 茶碗に少なめの1杯分
- オリーブオイル ……… 大さじ1/2
- A
  - カットトマト缶 ……… 1/4缶（100g）
  - 水 ……… 300ml
  - ローリエ ……… 1枚
  - 塩 ……… 小さじ1/2
  - 砂糖 ……… 小さじ1/2
  - こしょう ……… 少々
- パセリ（みじん切り）……… 適量

作り方

1. ベーコン、セロリ、玉ねぎは1cm角に切る。ごはんはざるに入れ、水でさっと洗い、水けを切る。
2. 鍋にオリーブオイル、にんにくを入れて中火で熱し、香りがたったらベーコン、ミックスビーンズ、セロリ、玉ねぎを入れて炒める。全体に油が回ったらAを加えて混ぜる。煮立ったら弱めの中火にして12分ほど煮る。
3. ごはんを加えてさっと煮る。器に盛り付け、パセリをふる。

パスタに置きかえもおすすめ

ひき肉となすの野菜スープかけ雑炊

材料／1人分

合いびき肉 ──── 100g
なす ──── 1本(80g)
玉ねぎ ──── 1/8個(25g)
にんにく(みじん切り) ──── 1/2片分
あたたかいごはん ──── 茶碗に少なめの1杯分
オリーブオイル ──── 大さじ1/2

A ┌ 野菜ジュース ──── 200ml
  │ ローリエ ──── 1枚
  │ トマトケチャップ ──── 大さじ1
  │ 塩 ──── 小さじ1/3
  └ こしょう ──── 少々

粉チーズ ──── 適量

パスタに置きかえもおすすめ

野菜たっぷりのコク深いスープ。
ごはんにかけて
カレースタイルでめしあがれ。

作り方
1 なすは1cm幅の半月切り、玉ねぎはみじん切りにする。
2 鍋にオリーブオイル、にんにくを入れて中火で熱し、香りがたったら玉ねぎを入れて炒める。しんなりとしたら合いびき肉を加えて炒める。肉の色が変わったらなすを加えてさっと炒め、Aを加えて混ぜる。煮立ったら弱めの中火にして8分ほど煮る。
3 器にごはんを盛り付け、2をかける。粉チーズをふる。

えびとトマトの
アンチョビチーズリゾット

アンチョビとチーズが生み出す濃厚さとトマトの酸味が好相性。

材料／１人分
むきえび ……… 100g
トマト ……… １個（150g）
アンチョビ ……… １枚
粉チーズ ……… 大さじ２
あたたかいごはん ……… 茶碗に少なめの１杯分
オリーブオイル ……… 適量
A ┌ 水 ……… 100ml
　├ 塩 ……… 小さじ1/3
　└ こしょう ……… 少々

作り方
1. むきえびは背ワタがあればとって洗う。トマトは１cm角、アンチョビはみじん切りにする。
2. 鍋にオリーブオイル、アンチョビを入れて中火で熱し、香りがたったらえびを炒める。えびの色が変わったらトマト、Aを加えて混ぜる。煮立ったら弱めの中火にして３分ほど煮る。
3. ごはん、粉チーズを加え、ごはんがスープになじむまで５分ほど煮る。器に盛り付け、お好みでオリーブオイルをかける。

パスタに置きかえもおすすめ

ベーコンカルボナーラ風
ふわとろリゾット

材料／1人分
ベーコンブロック ── 80g
にんにく（みじん切り） ── 1/2片分
ピザ用チーズ ── 30g
卵 ── 1個
あたたかいごはん ── 茶碗に少なめの1杯分
オリーブオイル ── 大さじ1/2
A ┌ 牛乳 ── 150ml
　├ 塩 ── 小さじ1/4
　└ こしょう ── 少々
粗びき黒こしょう ── 少々

作り方

1. ベーコンは7〜8mm幅の棒状に切る。卵は黄身と白身に分け、白身は溶きほぐす。
2. 鍋にオリーブオイル、にんにくを入れて中火で熱し、香りがたったらベーコンを炒める。さっと炒めたらAを加えて混ぜる。煮立ったら弱めの中火にして2分ほど煮る。
3. ごはん、ピザ用チーズ、卵の白身を加え、ごはんがスープになじむまで5分ほど煮る。器に盛り付け、卵の黄身をのせ、粗びき黒こしょうをふる。

塩味とうま味のバランスがとれた濃厚なひと皿。卵の白身で、ごはんはふわふわに。

あさりとじゃがいもの
チャウダーかけ雑炊

バターのコクと野菜の甘みにほっこり。
うま味たっぷりの缶汁も活用します。

材料／1人分

あさり水煮缶 ……… 1缶（65g）
じゃがいも ……… 小1/2個（60g）
にんじん ……… 1/3本（50g）
玉ねぎ ……… 1/8個（25g）
あたたかいごはん ……… 茶碗に少なめの1杯分
オリーブオイル ……… 大さじ1/2
A ┌ 水 ……… 200ml
  │ 塩 ……… 小さじ1/3
  └ こしょう ……… 少々
牛乳 ……… 100ml
B ┌ バター（室温に戻す）……… 5g
  └ 小麦粉 ……… 小さじ2
イタリアンパセリ（粗みじん切り）……… 適量

パスタに
置きかえも
おすすめ

作り方

1 じゃがいも、にんじん、玉ねぎは1cm角に切り、じゃがいもはさっと水にさらして水けを切る。

2 鍋にオリーブオイルを中火で熱し、じゃがいも、にんじん、玉ねぎを入れて炒める。全体に油が回ったらあさりを缶汁ごと加え（**a**）、Aを加えて混ぜる。煮立ったら弱めの中火にして8分ほど煮る。牛乳を加えてBを溶き混ぜて中火にし、軽くとろみがつくまで3分ほど煮る。

3 器にごはんを盛り付け、2をかける。イタリアンパセリをふる。

a

ほんのり甘いかぼちゃとコーンのリゾット

材料／1人分
かぼちゃ ── 100g
ホールコーン ── 30g
粉チーズ ── 大さじ2
あたたかいごはん ── 茶碗に少なめの1杯分
A ┌ 水 ── 100ml
　├ 塩 ── 小さじ1/3
　└ こしょう ── 少々
牛乳 ── 100ml

作り方

1. かぼちゃは皮を切り落として1cm厚さのいちょう切りにする。コーンは缶汁を切る。
2. 鍋にAを混ぜて強火にかける。煮立ったらかぼちゃを入れて蓋をし、弱火にしてかぼちゃに竹串がスッと通るまで6分ほど煮る。
3. かぼちゃを木べらでつぶし(a)、コーン、粉チーズ、ごはん、牛乳を加え、ごはんがスープになじむまで3分ほど煮る。

a

かぼちゃはつぶしてなめらかに。ビタミンたっぷりで美肌効果もうれしいポイント。

ソーセージとにんじんの
コーンクリームリゾット

こっくりしたクリームリゾット。甘めの仕上がりで、子どももきっと好きな味。

材料／1人分
- ソーセージ ——— 2本
- にんじん ——— 1/3本（50g）
- クリームコーン ——— 100g
- あたたかいごはん ——— 茶碗に少なめの1杯分
- オリーブオイル ——— 大さじ1/2
- A
  - 水 ——— 100ml
  - 塩 ——— 小さじ1/2
  - こしょう ——— 少々
- 牛乳 ——— 大さじ3

作り方

1. ソーセージは斜め切り、にんじんは薄い半月切りにする。
2. 鍋にオリーブオイルを中火で熱し、ソーセージ、にんじんを入れて炒める。全体に油が回ったらAを加えて混ぜる。煮立ったら弱めの中火にしてにんじんがやわらかくなるまで5分ほど煮る。
3. クリームコーン、ごはん、牛乳を加え、ごはんがスープになじむまで5分ほど煮る。

牛肉とかぼちゃのスープカレー雑炊

牛肉のうま味に、ほんのりカレー味。やさしいスープ雑炊です。

材料／1人分

- 牛こま切れ肉 ——— 100g
- かぼちゃ ——— 100g
- あたたかいごはん ——— 茶碗に少なめの1杯分
- オリーブオイル ——— 大さじ1/2
- カレー粉 ——— 小さじ1/2
- A
  - 水 ——— 250ml
  - ローリエ ——— 1枚
  - 塩 ——— 小さじ1/2
  - こしょう ——— 少々

作り方

1. かぼちゃは1cm厚さのいちょう切りにする。ごはんはざるに入れ、水でさっと洗い、水けを切る。
2. 鍋にオリーブオイルを中火で熱し、牛肉を炒める。肉の色が変わったらかぼちゃ、カレー粉を加え、粉っぽさがなくなるまで炒める(**a**)。Aを加えて混ぜる。煮立ったら弱めの中火にしてかぼちゃに竹串がスッと通るまで3分ほど煮る。
3. ごはんを加えてさっと煮る。

a

鶏とパプリカの
ココナッツミルクカレー雑炊

カレースタイルで異国の味を楽しむアジアン雑炊。マイルドでコク深い。

材料／1人分
鶏もも肉 ──── 大1/3枚(100g)
赤パプリカ ──── 1/4個(40g)
玉ねぎ ──── 1/8個(25g)
あたたかいごはん ──── 茶碗に少なめの1杯分
サラダ油 ──── 大さじ1/2
カレー粉 ──── 小さじ1/2
A ┌ 水 ──── 100ml
　├ ココナッツミルク缶 ──── 100g
　├ ローリエ ──── 1枚
　├ 塩 ──── 小さじ1/2
　└ こしょう ──── 少々

作り方

1. 鶏もも肉、赤パプリカ、玉ねぎは小さめの一口大に切る。ごはんはざるに入れ、水でさっと洗い、水けを切る。

2. 鍋にサラダ油を中火で熱し、鶏肉を炒める。肉の色が変わったら赤パプリカ、玉ねぎを加え、しんなりとするまで2分ほど炒める。カレー粉を加え、粉っぽさがなくなるまで炒め、Aを加えて混ぜる。煮立ったら弱めの中火にして5分ほど煮る。

3. ごはんを加えてさっと煮る。

番外編

ほんのり甘いスイーツ雑炊

甘いものが無性に食べたくなるときってありませんか？
そんなときのために、雑炊のスイーツをご紹介します。
あんこ、フルーツ、さつまいもなどを組み合わせた、
和、洋、エスニックの甘い雑炊。
ひと口ごとに、きっと笑顔になれます。

あずき甘酒雑炊

手間なく作れるおしるこ風雑炊。甘いものが食べたくなるお疲れ気味の日にぴったり。

材料／1人分
ゆであずき缶 ……… 大さじ2（40g）
あたたかいごはん ……… 茶碗に少なめの1/2杯分
A［ 甘酒 ……… 100ml
　　塩 ……… 少々 ］
黒すりごま ……… 少々

作り方
1. ごはんはざるに入れ、水でさっと洗い、水けを切る。
2. 鍋にAを混ぜて強火にかける。煮立ったらごはん、ゆであずき大さじ1を入れてさっと煮る。
3. 器に盛り付け、ゆであずき大さじ1をのせ、黒すりごまをふる。

りんごとレーズンの
スイーツ雑炊

りんごとレーズンを温かくいただく、自然な甘みがうれしいスイーツ。

材料／1人分
- りんご ……… 1/8個（30g）
- レーズン ……… 大さじ2
- あたたかいごはん ……… 茶碗に少なめの1/2杯分
- A
  - 水 ……… 150ml
  - 砂糖 ……… 大さじ1/2
  - 塩 ……… 少々
- ラム酒 ……… 少々
- シナモンパウダー ……… 少々

作り方
1. りんごは皮つきのまま1cm角に切る。ごはんはざるに入れ、水でさっと洗い、水けを切る。
2. 鍋にAを混ぜて強火にかける。煮立ったらりんご、レーズンを入れ、もう一度煮立ったら弱めの中火で5分ほど煮る。
3. ごはん、ラム酒を加えてさっと煮る。器に盛り付け、シナモンパウダーをふる。

さつまいもの ココナッツミルク雑炊

材料／1人分
さつまいも ──── 60g
あたたかいごはん ──── 茶碗に少なめの1/2杯分
A ┌ 水 ──── 100ml
　├ ココナッツミルク缶 ──── 50g
　├ 砂糖 ──── 大さじ1
　└ 塩 ──── 少々

作り方
1. さつまいもは皮つきのまま1cm幅のいちょう切りにする。ごはんはざるに入れ、水でさっと洗い、水けを切る。
2. 鍋にAを混ぜて強火にかける。煮立ったらさつまいもを入れ、もう一度煮立ったら弱めの中火で5分ほど煮る。
3. ごはんを加えてさっと煮る。

タイのデザートをアレンジしたミルク雑炊。ボリュームのあるひと皿は、小腹がすいたときや朝食にちょうどいい。

食材別 Index

【肉・肉加工品】

合いびき肉
ひき肉となすの野菜スープかけ雑炊 … 100

牛肉
牛肉、豆苗、わかめの韓国風雑炊 … 34
牛肉ともやしのナンプラースープかけ雑炊 … 42
牛肉とかぼちゃのスープカレー雑炊 … 112

ソーセージ
ソーセージとにんじんの
　コーンクリームリゾット … 110

鶏肉
鶏と青菜のうま塩雑炊 … 16
鶏ときのこのまろやかみそ豆乳雑炊 … 24
たたき長いもとなめこのそぼろ雑炊 … 52
ほうじ茶で煮る、ひじきとささみの雑炊 … 54
手羽と長ねぎのぽかぽかサムゲタン風雑炊 … 62
鶏と大根のゆずこしょう雑炊 … 64
鶏とパプリカの
　ココナッツミルクカレー雑炊 … 114

豚肉
豚だんごと白菜のオイスター中華雑炊 … 28
豚バラときのこの
　サンラースープかけ雑炊 … 30
トマトと豆もやしの坦々スープかけ雑炊 … 32
豚バラとじゃがいもの
　コチュジャンやみつき雑炊 … 36

ベーコン
さつまいも、ごぼう、ベーコンの
　ごまみそ雑炊 … 22
ごちそうミネストローネ雑炊 … 98
ベーコンカルボナーラ風ふわとろリゾット … 104

【魚介・魚介加工品・海藻】

あさり
あさりと豆腐の納豆スンドゥブ風雑炊 … 38

あさり水煮缶
あさりとじゃがいもの
　チャウダーかけ雑炊 … 106

アンチョビ
キャベツとズッキーニのアンチョビ雑炊 … 96
えびとトマトのアンチョビチーズリゾット … 102

えび・むきえび
えびとレタス、卵のエスニック雑炊 … 40
えびとトマトのアンチョビチーズリゾット … 102

かに風味かまぼこ
ナンプラー香るかにかま雑炊 … 78

辛子明太子
明太バター雑炊 … 84

桜えび
セロリと桜えびのエスニック雑炊 … 60

鮭
鮭とじゃがいもの洋風雑炊 … 94

鮭フレーク
鮭フレークと卵のみそ雑炊 … 68

さば缶
さば缶ときゅうりのひんやり豆乳かけ雑炊 … 26

塩昆布
ちくわと塩昆布の雑炊 … 72

しらす干し
春菊としらすの塩雑炊 … 50
焼きのりとしらすの冷た〜いだしかけ雑炊 … 70

鯛（刺身）
鯛と香味野菜のあっさり和雑炊 … 56

たこ
たことセロリのスープリゾット … 92

たら
たらと白菜のポン酢でさっぱり雑炊 … 18

ちくわ
ちくわと塩昆布の雑炊 … 72

ツナ缶
ツナと豆腐の冷やしみそスープかけ雑炊 … 58
ツナとレモンのミルク雑炊 … 82

のり（焼き）
焼きのりとしらすの冷た〜いだしかけ雑炊 … 70

ひじき（芽）
ほうじ茶で煮る、ひじきとささみの雑炊 … 54

ぶり（刺身）
ぶりのごまじょうゆ和えだしかけ雑炊 … 20

ほたて缶
しょうが香るほたてとかぶの雑炊 … 48

めかぶ
卵とめかぶのさっぱり梅雑炊 … 46

わかめ
牛肉、豆苗、わかめの韓国風雑炊 … 34

【野菜・野菜加工品・果物】

青じそ
さば缶ときゅうりのひんやり豆乳かけ雑炊 … 26
ツナと豆腐の冷やしみそスープかけ雑炊 … 58

梅干し
卵とめかぶのさっぱり梅雑炊 … 46
なめたけと梅のひんやりほうじ茶雑炊 … 76

貝割れ菜
ザーサイと貝割れ菜の中華豆乳雑炊 … 74

かぶ
しょうが香るほたてとかぶの雑炊 … 48

かぼちゃ
ほんのり甘いかぼちゃと
　　コーンのリゾット … 108
牛肉とかぼちゃのスープカレー雑炊 … 112

きのこ（えのき・エリンギ・しいたけ・しめじ）
鶏ときのこのまろやかみそ豆乳雑炊 … 24
豚だんごと白菜のオイスター中華雑炊 … 28
豚バラときのこの
　　サンラースープかけ雑炊 … 30

キムチ（白菜）
キムチとチーズのごきげん雑炊 … 86

キャベツ
キャベツとズッキーニのアンチョビ雑炊 … 96

きゅうり
さば缶ときゅうりのひんやり豆乳かけ雑炊 … 26

ごぼう
さつまいも、ごぼう、ベーコンの
　　ごまみそ雑炊 … 22

小松菜
鶏と青菜のうま塩雑炊 … 16

コーン（ホール・クリーム）
ほんのり甘いかぼちゃと
　　コーンのリゾット … 108
ソーセージとにんじんの
　　コーンクリームリゾット … 110

ザーサイ（味付）
ザーサイと貝割れ菜の中華豆乳雑炊 … 74

さつまいも
さつまいも、ごぼう、ベーコンの
　　ごまみそ雑炊 … 22
さつまいものココナッツミルク雑炊 … 122

じゃがいも
豚バラとじゃがいもの
　　コチュジャンやみつき雑炊 … 36
鮭とじゃがいもの洋風雑炊 … 94
あさりとじゃがいもの
　　チャウダーかけ雑炊 … 106

春菊
春菊としらすの塩雑炊 … 50

125

しょうが
ぶりのごまじょうゆ和えだしかけ雑炊 … 20
しょうが香るほたてとかぶの雑炊 … 48
手羽と長ねぎのぽかぽかサムゲタン風雑炊 … 62
鶏と大根のゆずこしょう雑炊 … 64
高菜漬けのオイスターしょうが雑炊 … 80

ズッキーニ
キャベツとズッキーニのアンチョビ雑炊 … 96

セロリ
セロリと桜えびのエスニック雑炊 … 60
たことセロリのスープリゾット … 92
鮭とじゃがいもの洋風雑炊 … 94
ごちそうミネストローネ雑炊 … 98

大根
鶏と大根のゆずこしょう雑炊 … 64

高菜漬け
高菜漬けのオイスターしょうが雑炊 … 80

玉ねぎ
ごちそうミネストローネ雑炊 … 98
ひき肉となすの野菜スープかけ雑炊 … 100
あさりとじゃがいもの
　チャウダーかけ雑炊 … 106
鶏とパプリカの
　ココナッツミルクカレー雑炊 … 114

豆苗
牛肉、豆苗、わかめの韓国風雑炊 … 34

トマト
トマトと豆もやしの坦々スープかけ雑炊 … 32
えびとトマトのアンチョビチーズリゾット … 102

長いも
たたき長いもとなめこのそぼろ雑炊 … 52

長ねぎ
ぶりのごまじょうゆ和えだしかけ雑炊 … 20
手羽と長ねぎのぽかぽかサムゲタン風雑炊 … 62
なめたけと梅のひんやりほうじ茶雑炊 … 76

なす
ひき肉となすの野菜スープかけ雑炊 … 100

なめこ
たたき長いもとなめこのそぼろ雑炊 … 52

なめたけ（味付）
なめたけと梅のひんやりほうじ茶雑炊 … 76

ニラ
豚バラとじゃがいもの
　コチュジャンやみつき雑炊 … 36

にんじん
あさりとじゃがいもの
　チャウダーかけ雑炊 … 106

ソーセージとにんじんの
　コーンクリームリゾット … 110

白菜
たらと白菜のポン酢でさっぱり雑炊 … 18
豚だんごと白菜のオイスター中華雑炊 … 28

パクチー
牛肉ともやしのナンプラースープかけ雑炊 … 42

パプリカ（赤）
鶏とパプリカの
　ココナッツミルクカレー雑炊 … 114

万能ネギ
ほうじ茶で煮る、ひじきとささみの雑炊 … 54
鮭フレークと卵のみそ雑炊 … 68

ブロッコリー
くずしブロッコリーのガーリックスープ雑炊 … 90

豆もやし
トマトと豆もやしの坦々スープかけ雑炊 … 32

三つ葉
鯛と香味野菜のあっさり和雑炊 … 56

みょうが
鯛と香味野菜のあっさり和雑炊 … 56

もやし
牛肉ともやしのナンプラースープかけ雑炊 … 42

ゆず
鶏と青菜のうま塩雑炊 … 16

ライム
牛肉ともやしのナンプラースープかけ雑炊 … 42

りんご
りんごとレーズンのスイーツ雑炊 … 120

レーズン
りんごとレーズンのスイーツ雑炊 … 120

レタス
えびとレタス、卵のエスニック雑炊 … 40

レモン
ツナとレモンのミルク雑炊 … 82

【卵・乳製品】
牛乳
ツナとレモンのミルク雑炊 … 82
あさりとじゃがいもの
　チャウダーかけ雑炊 … 106
ほんのり甘いかぼちゃと
　コーンのリゾット … 108
ソーセージとにんじんの
　コーンクリームリゾット … 110

ココナッツミルク（缶）
鶏とパプリカの
　ココナッツミルクカレー雑炊 … 114
さつまいものココナッツミルク雑炊 … 122

卵
あさりと豆腐の納豆スンドゥブ風雑炊 … 38
えびとレタス、卵のエスニック雑炊 … 40
卵とめかぶのさっぱり梅雑炊 … 46
鮭フレークと卵のみそ雑炊 … 68
ベーコンカルボナーラ風ふわとろリゾット … 104

チーズ（ピザ用・粉）
キムチとチーズのごきげん雑炊 … 86
ひき肉となすの野菜スープかけ雑炊 … 100
えびとトマトのアンチョビチーズリゾット … 102
ベーコンカルボナーラ風ふわとろリゾット … 104
ほんのり甘いかぼちゃと
　コーンのリゾット … 108

バター
明太バター雑炊 … 84

【豆・豆加工品・その他】
あずき缶（ゆで）
あずき甘酒雑炊 … 118

甘酒
あずき甘酒雑炊 … 118

豆乳
鶏ときのこのまろやかみそ豆乳雑炊 … 24
さば缶ときゅうりのひんやり豆乳かけ雑炊 … 26
トマトと豆もやしの坦々スープかけ雑炊 … 32
ザーサイと貝割れ菜の中華豆乳雑炊 … 74

豆腐
あさりと豆腐の納豆スンドゥブ風雑炊 … 38
ツナと豆腐の冷やしみそスープかけ雑炊 … 58

納豆
あさりと豆腐の納豆スンドゥブ風雑炊 … 38

ほうじ茶
ほうじ茶で煮る、ひじきとささみの雑炊 … 54
なめたけと梅のひんやりほうじ茶雑炊 … 76

ミックスビーンズ
ごちそうミネストローネ雑炊 … 98

市瀬悦子

料理研究家。「おいしくて、作りやすい家庭料理」をテーマに、テレビ、雑誌、書籍など幅広い分野で活動中。『休と心が軽くなる　鉄分ラクラクごはん』（主婦の友社）、『炊き込みベジごはん』（主婦と生活社）など著書多数。
公式サイト　http://www.e-ichise.com
Instagram　@ichise_etsuko

Staff

デザイン　釜内由紀江　五十嵐奈央子（GRID）
撮影　豊田朋子
スタイリング　諸橋昌子
アシスタント　織田真理子　小阪 泉　小野 翠
校正　夢の本棚社
編集協力　鈴木聖世美（hbon）
企画・編集　竹田かすみ（辰巳出版）

ささっと作れるごちそう雑炊

2025年2月1日　初版第1刷発行

著　者　　市瀬悦子
発行者　　廣瀬和二
発行所　　株式会社日東書院本社
　　　　　〒113-0033
　　　　　東京都文京区本郷1丁目33番13号 春日町ビル5F
　　　　　TEL：03-5931-5930（代表）
　　　　　FAX：03-6386-3087（販売部）
　　　　　URL：http://www.TG-NET.co.jp
印　刷　　三共グラフィック株式会社
製　本　　株式会社ブックアート

本書を出版物およびインターネット上で無断複製（コピー）することは、著作権法上での例外を除き、著作者、出版社の権利侵害となります。乱丁・落丁はお取り替えいたします。小社販売部までご連絡ください。

©Etsuko Ichise 2025
©Nitto Shoin Honsha Co.,Ltd.2025
Printed in Japan
ISBN 978-4-528-02471-7　C2077